AF358970

MÉMOIRE
PRÉSENTÉ
AU ROI
PAR M. LENOIR,
CONSEILLER D'ÉTAT,
CONTRE
M. KORNMAN.

On y a joint les Observations de Messieurs DE BERGASSE & DE KORNMAN, & une Brochure intitulée : LE PUBLIC A PIERRE-AUGUSTIN CARON DE BEAU-MARCHAIS.

1787.

MÉMOIRE

PRÉSENTÉ

AU ROI,

Par M. LENOIR, Conseiller d'État, & imprimé avec la permission de Sa Majesté.

APRÈS avoir rempli pendant vingt-cinq ans différentes places de magistrature, j'ai été nommé à celle de lieutenant-général de police. Je l'ai exercée pendant près de douze années.

Elle m'a coûté des veilles, des soins & des sacrifices ; mais j'ai pu compter au nombre de mes jours heureux, ceux où j'ai consolé des infortunés, arrêté les désordres, réconcilié deux ennemis, rapproché deux époux, & prévenu la ruine ou le déshonneur d'une famille.

J'ai quitté cette administration depuis deux ans, & je croyois avoir mérité l'estime de mes concitoyens ; mais la malignité qui fait attendre, pour faire un plus grand mal, a observé le moment où il pourroit lui convenir le plus de diriger ses

attaques , & elle a faifi les circonftances qui pou-
voient me les rendre plus fenfibles.

C'eft à la fin de l'affemblée de notables , parmi
lefquels j'avais eu l'honneur d'être appellé , qu'ont
été répandus avec profufion, un mémoire & une
feuille imprimés , dans lefquels j'ai été dénoncé ,
comme coupable de grandes prévarications.

Plufieurs perfonnes , qui par leur intégrité , leurs
lumieres & leurs fentimens pour moi, ont le droit de
guider mes démarches , ne vouloient pas que je fiffe
de réponfe. Elles me difoient qu'on n'en devoit aucune
des écrits qui n'avoient pas de forme légale ; qu'un
magiftrat & fur-tout celui qui a été chargé d'un
miniftere de confiance , n'a que fes amis, fa vie
paffée , & la voix du peuple dont il a mérité d'être
aimé , à oppofer aux clameurs des méchans. Qui
mieux que moi fent la force de cet avis , & pour
qui peut il être plus amer d'y réfifter , & d'avoir à
réfuter des libelles ?

Mon refpect pour l'opinion publique l'a cependant emporté fur toute autre confidération , &
j'ai efpéré que fi l'on pouvoit blâmer une exceffive
délicateffe , on daigneroit faire attention que réfuter une accufation, n'eft pas répondre à un accu-
fateur , & qu'on fe met autant au-deffus d'elle par
les preuves qui la confondent, que par le filence
qui la dédaigne.

J'ai féparé de ces imputations vagues & invrai-
femblables qu'on a multipliées , les deux feuls
faits , qui, préfentés avec art & affirmés avec
audace , m'ont paru capables de faire quelqu'im-
preffion fur ceux qui ne feroient pas inftruits. Ma
juftification ne confiftera qu'à les mettre dans le
plus grand jour.

L'affaire que préfente M. Kornman remonte à 1781. Je n'y ai paru que pour tâcher de concilier les efprits & pour exécuter les ordres du roi.

D'autres affaires étrangeres à la détention de fa femme, l'ont fucceffivement mis dans le cas de recourir à moi ; je lui ai rendu juftice ; & dans la derniere vifite qu'il m'a faite en 1786, il m'a té-moigné fa reconnoiffance.

Aujourd'hui il m'accufe d'abus d'autorité relati-vement à cette ancienne affaire, fur laquelle l'ad-miniftration de la police a ceffé, à la fin de 1781, d'avoir aucune influence.

Il affure d'abord, *que j'ai remis fa femme au fieur de Beaumarchais* : voici à cet égard le fait dont j'ai retrouvé les preuves.

Au mois de Juin 1781, la dame Kornman fut ar-rêtée, fur la réquifition & aux frais de fon mari, en vertu d'un ordre du roi.

Au mois de Novembre fuivant, elle avoit for-mé fa demande en féparation de corps & d'habi-tation, & elle avoit fait affigner fon mari, en vertu de l'ordonnance de M. le lieutenant civil.

Dans le courant du mois de Décembre, elle fit préfenter au miniftre plufieurs mémoires par lef-quels elle demandoit fa liberté pour fuivre cette demande.

Dans l'un de ces mémoires, elle offroit de fe retirer pendant tout le tems de fa groffeffe & de fes couches chez un chirurgien-accoucheur, avec foumiffion de fe repréfenter à l'autorité, ou à la juftice, & fous la caution du chirurgien de répon-dre de fa perfonne & de la repréfenter ; elle indi-quoit le fieur Page, chirurgien-accoucheur & doc-teur en médecine.

A ces mémoires étoient jointes copie de la requête préfentée à M. le lieutenant civil, par laquelle
elle demanderoit provifoirement d'être autorifée à
fe retirer chez un chirurgien pour faire fes couches, & copie de l'ordonnance de M. le lieutenant
civil portant entr'autres chofes, *permis d'affigner
le mari à bref délai pour être les Parties enten-
dues préfence l'une de l'autre.*

Ces mémoires me furent renvoyés par le miniftre ; je n'ai pas ignoré que madame la princeffe de
Naffau & M. de Beaumarchais follicitoient la liberté de la dame Kornman ; on me taxoit d'écouter favorablement le mari ; & le miniftre marquoit
qu'il étoit inftant de prendre un parti définitif.

Sans provoquer les ordres que l'on follicitoit,
j'ai répondu au renvoi de ces mémoires, en expo-
fant mes réflexions fur la fituation de la dame
Kornman & le lieu de fa détention, fur les diverfes
accufations de fon mari contre elle, fur le chirurgien propofé & fur l'état des procédures commen-
cées au Châtelet, qui mettoient en oppofition la
voie juridique & celle de l'autorité.

Le 27 Décembre 1781, deux ordres du Roi
me furent adreffés, avec une lettre du miniftre,
l'un pour révoquer celui en vertu duquel la dame
Kornman étoit détenue dans la maifon de la demoifelle Douay, & l'autre pour la faire conduire
en la maifon du fieur Page, accoucheur & doc-
teur en médecine. Le 28 ces ordres furent exé-
cutés.

Copie de l'ordre du Roi , pour la remife de la dame Kornman au fieur Page. Soumiffion dudit fieur Page & de la dame Kornman.

IL eft ordonné au fieur (*nom de l'officier de police*) de retirer de la maifon de la demoifelle Douay , la dame Kornman, & de la conduire dans celle du fieur Page , accoucheur & docteur en médecine.

Enjoint fa majefté, à ladite dame Kornman , fuivant fa foumiffion , de ne pas fortir de la maifon , & de n'y recevoir que fes avocat & procureur ; comme auffi ordonne fa majefté au fieur Page , fuivant la foumiffion que ladite dame Kornman a offert de faire faire au fufdit fieur , de la repréfenter toutes les fois qu'il en fera requis , & ce , jufqu'à nouvel ordre. Fait à Verfailles le vingt-fept décembre mil fept cent quatrevingt-un. *Signé* LOUIS.

Et plus bas , AMELOT.

Je fouffigné , promets & fais ma foumiffion de me con former à l'ordre ci-deffus. Ce 28 décemb re 1781. *Signé* PAGE , D. M.

Je fouffignée , promets & fais ma foumiffion , de me conformer à l'ordre ci-deffus. Ce 28 décembre 1781. *Signé* KORNMAN née FAESCH.

Il eft effentiel de remarquer que la dépofition juridique du fieur Page , dans l'information faite à la requête de M. Kornman fur l'accufation d'adultere eft abfolument conforme ; qu'elle étoit connue de M. Kornman avant fon mémoire imprimé comme toutes les autres dépositions qui y y sont citées , & qu'il n'ignoroit pas que ce chirurgien avoit déposé avoir fait sa soumission devant moi , *hors la présence du sieur de Beaumarchais.*

Il est donc faux que la remise de la personne de la dame Kornman ait été par moi faite à M. de Beaumarchais , & il est évident que je ne pouvois me refuser à la faire à un chirurgien qui avoit un titre pour l'obtenir.

M. Kornman déclare encore *que je l'ai fait solliciter de supprimer son mémoire ; qu'à ce prix je lui ai offert de le faire rembourser sur le champ de 600,000 livres , qu'il dit lui être dues dans l'affaire des Quinze-Vingts , & de lui abandonner le sieur de Beaumarchais sur le compte duquel je ne m'étois exprimé qu'avec mépris , & que je voulois faire regarder comme le seul auteur de la persécution dont il se plaint.*

On sent la noirceur de cette accusation faite par une feuille distribuée huit jours après le mémoire , & le dernier jour de l'assemblée de Notables. La calomnie est ici profondément , mais aveuglément méditée.

M. Kornman nomme deux magistrats pour garants de son assertion , M. d'Epremesnil , conseiller au parlement , & M. de Brunville , procureur du roi au Châtelet. Il dirige en même-tems une accusation particuliere contre M. de Brunville. Ce magistrat a adressé sa justification à M. le Garde des Sceaux , & en repoussant l'imposture qui le concernoit , il a détruit celle dont j'étois l'objet. Le chef de la justice a daigné m'autoriser à rendre publique la lettre de M. de Brunville , en ce qui me regarde.   *Copie*

Copie de la Lettre de M. le Procureur du Roi à M. le Garde des Sceaux, en ce qui regarde M. Lenoir.

Monseigneur,

Je viens d'avoir connoiſſance d'une feuille im‑ primée, intitulée : *Obſervations de M. Kornman ſur un écrit de M. de Beaumarchais.* Mon nom ſe trouve cité deux fois dans cette feuille ; & tou‑ tes les deux fois, ce qui donne lieu de me nom‑ mer eſt rapporté d'une maniere contraire à la vé‑ rité. Permettez-moi, monſeigneur, en ayant l'hon‑ neur de vous rendre compte des faits tels qu'ils font, de prendre la liberté de vous ſoumettre une obſervation qui me paroît eſſentielle : c'eſt que la condition des magiſtrats feroit bien fâcheuſe, ſi la certitude qu'ils ne répondront pas publiquement aux imputations qu'on hazardera contre eux, les expoſoit à être en butte aux ſatyres & aux men‑ ſonges.

L'un des faits conſignés dans l'écrit du ſieur Kornman m'eſt perſonnel ; . . . .
. . . .
. . . .
. . . .

Le ſecond fait, relativement auquel je ſuis cité, ne m'eſt pas perſonnel ; mais il eſt tellement faux dans la maniere dont il eſt rendu, que j'oſe croire, monſeigneur, que vous ne trouverez pas mauvais que j'aie l'honneur de vous donner à cet égard quelques éclairciſſemens. Ce fait a pour objet une

prétendue négociation entamée chez moi. Suivant
le sieur Kornman, *M. Lenoir l'a fait solliciter
de supprimer son mémoire, & à ce prix, il a
offert de lui faire rembourser 600,000 livres qui
lui étoient dus dans l'affaire des Quinze-Vingts ;
& à ce prix encore, il a offert d'abandonner au
sieur Kornman le sieur de Beaumarchais, sur le
compte duquel il ne s'exprimoit qu'avec mépris,
& qu'il vouloit faire regarder comme le seul auteur de la persécution dont il se plaint.* Les paroles de M. Lenoir lui ont été (dit le sieur Kornman) portées par M. d'Eprémesnil.

Il est vrai, monseigneur, que M. Lenoir &
M. d'Eprémesnil se sont rencontrés chez moi ;
mais IL EST FAUX QUE M. LENOIR L'AIT PRIÉ
DE SOLLICITER LE SIEUR KORNMAN DE SUPPRI-
MER SON MÉMOIRE. IL EST ABSOLUMENT FAUX
QU'A CE PRIX, IL AIT PROMIS DE FAIRE PAYER
AU SIEUR KORNMAN LES 600,000 LIVRES QU'IL
RÉCLAME DANS L'AFFAIRE DES QUINZE-VINGTS ;
IL EST ÉGALEMENT FAUX QUE M. LENOIR NE
SE SOIT EXPRIMÉ QU'AVEC MÉPRIS SUR LE
COMPTE DE M. DE BEAUMARCHAIS, ET QU'IL
AIT VOULU LE FAIRE REGARDER COMME LE
SEUL AUTEUR DE LA PERSÉCUTION DONT LE
SIEUR KORNMAN SE PLAINT. M. d'Eprémesnil
que j'ai vu hier, se rappelle très-bien, ainsi que
moi, la conversation qui a eu lieu ; & en parlant
au sieur Kornman de cette conversation, il ne lui
a certainement rien dit qui pût autoriser les faus-
setés qui se trouvent accumulées dans cette feuille.
M. Lenoir & M. d'Eprémesnil vous sont connus,
monseigneur ; le premier est incapable d'avoir fait
une proposition semblable à celle des 600,000 liv.

& le second incapable de s'en être chargé si elle eût été faite.

Paris , ce 27 Mai 1787.

M. de Brunville m'a aussi adressé le désaveu le plus formel de l'assertion de M. de Kornman , & m'a permis de le publier.

Lettre de M. de Brunville à M. Lenoir.

JE viens , monsieur , de lire une feuille imprimée , intitulée : *Observations de M. Kornman sur un écrit de M. de Beaumarchais.* Il paroîtroit , d'après cette feuille que M. d'Eprémesnil a été chargé par vous d'une négociation vis-à-vis du sieur Kornman , laquelle a été entamée chez moi ; que l'objet de cette prétendue négociation auroit été d'engager le sieur Kornman à supprimer son mémoire ; & à ce prix , on dit que vous lui avez fait offrir de lui faire rembourser sur le champ tout ce qui lui étoit dû , dans l'affaire des Quinze-vingts , & que vous avez aussi offert de lui abandonner M. de Beaumarchais , sur le compte duquel on prétend que vous vous êtes exprimé avec mépris , & que vous avez voulu faire regarder comme le seul auteur de la persécution dont le sieur Kornman se plaint.

J'ignore quelle impression aura pu faire l'Ecrit qui vient d'être distribué ; mais je dois à la vérité de démentir des faits aussi faux que ceux qui y sont contenus. Vous vous êtes trouvé chez moi , Monsieur , il y a quelque tems , (je me le rappelle très-bien ,) avec M. d'Eprémesnil ; mais il

eſt faux , que vous ayez prié ce Magiſtrat de ſol-
liciter le ſieur Kornman de ſupprimer ſon Mémoire. Il eſt également de toute fauſſeté que vous
ayez chargé M. d'Eprémeſnil d'offrir au ſieur
Kornman , pour le déterminer à cette ſuppreſſion , de lui faire rembourſer les 600,000 livres ,
qu'il dit lui être dues dans l'affaire des Quinze-
Vingts. Ce que le ſieur Kornman ajoute relativement à M. de Beaumarchais n'eſt pas plus
exact.

Je ne doute pas , Monſieur , que M. d'Eprémeſnil ne s'empreſſe à vous donner les aſſurances
les plus poſitives de l'inexactitude de tous ces
faits , pour peu que vous le déſiriez. Quant à
moi , je me reprocherois de ne pas vous faire
parvenir la dénégation la plus formelle de ma
part de ce qui a été avancé fauſſement dans l'É-
crit du ſieur Kornman. Vous êtes le maître de
faire de cette lettre tel uſage que vous jugerez
convenable. J'ai cru vous devoir , j'ai cru me devoir à moi-même , de rétablir la vérité. Je m'eſ-
timerai heureux , ſi je peux contribuer à la faire
prévaloir ſur l'erreur.

J'ai l'honneur d'être avec un ſincere & reſpec-
tueux attachement ,

Monſieur ,

Votre , &c.

DE FLANDRE DE BRUNVILLE

Paris , ce 24 Mai 1787.

· Je vais joindre ici la déclaration de M. d'Eprémeſnil.

Déclaration de M. d'Eprémefnil fur ce qui s'eft paffé le 21 Mars 1787, entre M. Lenoir, M l'abbé Sabatier & lui, chez M. de Brunville.

POUR bien entendre ce qui s'eft paffé chez M. de Brunville, il faut reprendre les chofes dès l'origine.

Dans les derniers jours du mois de Mars, (c'étoit, je crois, le Mecredi 28, ou le Jeudi 29) M. l'Abbé Sabatier me fit l'honneur de venir chez moi pour m'engager à faire ufage de mon crédit fur l'efprit d'un homme que je protégeois, me difoit-il, en le réconciliant avec fa femme, & prévenant une explofion fâcheufe à tous égards ; il me nomma M. de Kornman. J'eus l'honneur de répondre à M. Sabatier que je n'étois point fait pour protéger M. de Kornman ; que je l'eftimois & le plaignois comme un homme vertueux & malheureux ; mais que je ne voulois abfolument pas me mêler de fon affaire, finon pour procurer autant qu'il feroit en mon pouvoir, un libre cours à la juftice, dans le cas où l'autorité furprife s'interpoferoit entre la loi & M. de Kornman ; que tels étoient mes fentimens ; *& vous favez, ajoutai-je à M. l'Abbé Sabatier, que j'en ai parlé dans les mêmes termes à M. de Beaumarchais, que j'ai rencontré chez vous l'année dernière, lorfqu'il voulut me donner des impreffions fâcheufes fur le compte de M. de Kornman, qu'il me peignoit fous les traits d'un banqueroutier, d'un caiffier infidele, & d'un mari féroce.* M. l'abbé Sabatier infifta : *le rôle de pacificateur dans une affaire auffi cruelle*, me

difoit-il , *feroit digne de vous*. Je lui déclarai
que je n'en voulois pas , & nous nous féparâmes ,
lui m'affurant qu'il efpéroit finir par me perfuader ,
moi répondant qu'il n'y parviendroit jamais. Je
ne me rappelle pas qu'il ait été queftion de M.
Lenoir dans cette entrevue. Je croirois même pouvoir plutôt affurer le contraire.

Le famedi fuivant 3 1 mars (pour cette date ,
elle m'eft bien préfente) ; le famedi 3 1 mars dans
la matinée M. l'abbé Sabatier me fit l'honneur de
venir chez moi : *Mon honorable ami* , me dit-
il , en débutant , *je n'ai pas renoncé à vous perfuader. Cette malheureufe femme eft au défef-
poir ; elle vous feroit pitié ; elle eft venue m'im-
plorer , ou plutôt c'étoit vous qu'elle imploroit ;
elle dit que fon repos dépend de vous , que vous
pouvez tout fur fon mari ; elle demande ce qu'il
veut qu'elle faffe , je fuis la mere de fes enfans ;
qu'il difpofe de moi ; j'ai commis des imprudences ;
mon mari eft aigri ; mais M. d'Eprémefnil
peut l'adoucir ; ce magiftrat refufera-t-il de rendre , puifqu'il le peut , une femme à fon mari ,
une mere à fes enfans , des enfans à leur mere ?...*
Mon cher abbé , lui dis-je , en m'armant de fer-
meté , car j'avoue , que j'en avois befoin , *laiffez-
moi tranquille. Je vous dis que je n'ai point d'em-
pire fur l'efprit de M. de Kornman dans cette
affaire ; que je n'en veux point avoir ; il m'évite ;
je l'entends très-bien ; & véritablement mettez-
vous à la place d'un homme ruiné , empoifonné ,
affaffiné , décrié. Si Mad. de Kornman étoit
autrement entourée , ah ! que cette réunion feroit
facile ! ....* N'importe, reprit M. l'abbé Sabatier,
plus la tâche eft difficile , autant qu'honnête ,

plus elle vous convient. (Je ne rapporte ces expreſſions que par fidélité) *On parle d'un mémoire ; on dit que M. Bergaſſe en eſt l'auteur ; que M. Lenoir y ſera compromis ; vous avez eu des liaiſons avec lui, & des démêlés auſſi ; il ſe méfiera de moi. Au reſte, je vous donne M. Bergaſſe comme un homme d'honneur, un généreux ami, la ſeule conſolation de M. de Kornman après ſes enfans M. Lenoir ne ſe méfie point de vous ; il ſe plaint au contraire de ce que vous vous êtes éloigné de lui ; il ne demande pas mieux que de cauſer avec vous de cette affaire ; & je vous propoſe de vous trouver enſemble chez votre ami intime M. de Brunville, qui veut bien y conſentir pour l'amour de la paix ; le voulez-vous ? Vous eſt-il poſſible de refuſer à vos amis, à une mere malheureuſe, à un magiſtrat recommandable que vous avez aimé, &, je puis le dire à M. de Kornman lui-même dont vous feriez le bonheur, une faveur auſſi facile, auſſi légitime, & dont les réſultats peuvent être auſſi purs en eux-mêmes, auſſi doux à votre cœur ? ..... Que veut-on ? Après m'être débattu fort long-tems, je me rendis....... Eh bien,* dis-je à mon victorieux confrere, *que M. Lenoir donne ſon jour ; je me rendrai chez M. de Brunville. Donnez le vôtre,* reprit M. Sabatier, *on l'acceptera...... En ce cas, lundi prochain.* ----- *Je crois que M. Lenoir doit profiter de la vacance des notables, pour aller demain à ſa campagne. Hé bien donc, ce ſoir, à ſept heures, & je vous prie de vous y trouver.* Nous en convînmes ; il me quitta ; & comme ne pas rendre le ton en même tems que les paroles, eſt trop souvent l'art de défigurer un entretien, je dois dire qu'il étoit impossible d'avoir un ton plus noble, plus ouvert, & plus pénétrant tout à la fois que celui de M. l'abbé Sabatier.

Le soir donc du même jour samedi 31 mars, entre sept & huit heures, je me rendis chez M. de Brunville; M. Lenoir & M. l'abbé Sabatier y étoient arrivés. Je crus m'appercevoir que ma présence affectoit le premier désagréablement; je fus à lui, je lui pris les mains, je l'embrassai ; *vous pouvez, lui dis-je, me parler & m'écouter sans prévention ; je ne viens ici qu'avec de bonnes intentions. Le lieutenant de police & le conseiller au parlement ont eu des opinions différentes, & même des démêlés ; mais dans un moment comme celui-ci, j'espere que vous oublierez tout, ainsi que moi : je vous assure que je suis bien sensible à votre confiance......* M. Lenoir ne répondit à cette effusion qu'en me serrant les mains d'un air qui valoit mieux que des paroles, puis il me dit : *je vous vois comme je le desirois....* Et la conversation ainsi réglée sur un ton doux, nous nous assîmes. .

» Messieurs, leur dis-je en riant, je ne suis
» venu ici de la part de personne, ni pour mon
» propre compte. M. de Kornman, que je n'ai
» pas vu depuis long-tems, ignore ma démarche;
» c'est vous qui m'avez mandé ; par conséquent,
» c'est à moi d'attendre & d'écouter. «

Alors un des trois magistrats présents à cette conférence, je ne sais plus lequel, m'adressant la parole, me dit : *Savez-vous ce que veut monsieur de Kornman ?.....* » Je crois, répondis-je, qu'il
» ne veut plus que justice ; ce sont du moins les
» dernieres

» dernieres difpofitions dans lefquelles je l'ai laiffé...
» Mais, reprit monfieur Lenoir, pourquoi m'at-
» taque-t-il ? Je fuis sûr qu'il fe prépare à me dif-
» famer dans un mémoire public. Qu'a-t-il à fe
» plaindre de moi ? «...... Je faifis cette queftion
pour témoigner à monfieur Lenoir toute ma fur-
furprife de ce qu'il avoit retiré madame de Kornman
de la maifon des demoifelles Douay, pour la re-
mettre entre les mains de monfieur de Beaumarchais. Monfieur Lenoir fe défendit de cette ac-
tion, m'affurant qu'il n'avoit sûrement rien fait
fans ordre ; mais qu'il ne fe rappelloit pas d'a-
voir remis madame de Kornman entre les mains
de M. de Beaumarchais, & de-là prit fon texte
pour m'expofer fort en détail fa conduite dans l'affaire de M. de Kornman. Ce n'eft pas à moi de
répéter l'expofé de M. Lenoir. » Monfieur, lui
» dis-je, j'ignore les difpofitions actuelles de M.
» de Körnman ; je le connois pour le plus honnête
» homme du monde & le plus malheureux : il
» m'a toujours paru naturellement doux ; mais à
» préfent c'eft un homme doux révolté. Il y a
» deux ans paffés, lorfque je fus affez heureux
» pour l'engager à fufpendre fes plaintes, au fujet
» defquelles j'eus l'honneur de vous écrire, je
» fais qu'il vous fit demander trois chofes: la pre-
» miere que madame de Kornman fe retirât dans
» fa famille, & qu'elle affurât les deux tiers de
» fa fortune à fes enfans ; la feconde, que fa
» créance qu'il difoit & dit encore être incontef-
» table, dans l'affaire des Quinze-vingts, lui fût
» promptement remboursée après avoir été jugée,
» fon deffein étant de quitter la France au moins
» pour un tems ; la troifieme, que vous em-

» ployaffiez vos bons offices à lui faire obtenir
» en pays étranger, un emploi honorable fans
» appointemens, uniquement pour détruire les
» bruits injurieux que les féducteurs de fa femme,
» fes ennemis, avoient femés par-tout fur fon
» compte ; c'eft ainfi qu'il s'en eft expliqué avec
» moi en plufieurs occafions. Il ajoute, c'eft lui
» qui parle, qu'on l'avoit amufé conftamment par
» de vaines efpérances. Permettez-moi donc de
» vous demander ce que je pourrois lui rapporter
» fur ces trois propofitions, s'il vouloit m'en-
» tendre «. Voici la réponfe de M. Lenoir fur la
premiere propofition : » *Je ne fais pas quelles*
» *font les difpofitions de madame de Kornman ;*
» *mais je trouve la propofition très-raifonna-*
» *ble ; & fi madame de Kornman me confut-*
» *toit, je l'exhorterois à faifir cette voie d'ac-*
» *commodement.* --- Sans doute, a dit M. l'abbé
» Sabatier ; & madame de Kornman m'a paru
» difpofée à donner à fes enfans, même la tota-
» lité de fa fortune. *Sur la feconde propofition,*
» a repris M. Lenoir, *il ne m'eft pas permis de*
» *m'expliquer, étant commiffaire du roi dans*
» *l'affaire des Quinze-Vingts ; tout ce que je*
» *puis dire, c'eft que je n'ai aucun motif pour*
» *différer le jugement de la créance de M. de*
» *Kornman ; qu'elle fera jugée dès qu'il fera pof-*
» *fible ; le refte n'eft pas en mon pouvoir. A l'é-*
» *gard de la troifieme propofition, je ne me*
» *rappelle pas qu'elle n'ait jamais été faite.....*
» Pardonnez-moi, lui dis-je ; elle a dû vous être
» faite, ou par M. Kornman directement, ou
» par M. Gomel, procureur au châtelet, fi j'ai
» bonne mémoire.... *Cela peut être,* me répondit

» M. Lenoir ; *mais je ne m'en souviens pas ;*
» *je n'y aurois trouvé dans le tems aucune dif-*
» *ficulté ; maintenant, s'il est possible d'obtenir*
» *pour M. de Kornman l'emploi ou le brevet*
» *qu'il desire, j'y donnerai mes soins très-vo-*
» *lontiers* «.

   » *A l'égard de M. de Beaumarchais,* pour-
» suivit M. Lenoir, *je ne me fais point garant*
» *de la conduite qu'il a tenue dans cette affaire :*
» *il a cru devoir venir au secours de madame*
» *de Kornman ; ce n'a jamais été ni par mes*
» *conseils, ni par les moyens que ma place au-*
» *roit pu me donner* «.

Tel est, sinon en propres termes, du moins en
substance, le résumé fidele, & quelquefois lit-
téral de ce qui s'est dit chez M. de Brunville.
Prêts à nous séparer, M. l'abbé Sabatier me rap-
pella tout le bien que je ferois, si j'avois le talent
d'adoucir M. de Kornman, d'arrêter l'explosion ;
de rapprocher deux époux désunis, & de re-
mettre enfin deux enfans dans les bras de leur
mere. On me fit promettre de parler à M. de
Kornman, & je le promis. Ainsi s'est terminé la
conférence.

Le lendemain, & plusieurs jours de la semaine-
sainte, je cherchai M. de Kornman, une fois
chez lui, & d'autres fois au licée harmonique ;
mais inutilement. Enfin nous nous sommes rencontrés le jour de pâques entre quatre & cinq
heures du soir. Je lui rendis compte de la conférence du 31 mars. Peindre l'étonnement, l'in-
dignation, & l'indulgence qui s'entrecombattoient
visiblement en lui, me seroit impossible. Au milieu
de ces agitations, je crus un moment que l'in-

dulgence l'emporteroit ; mais cet espoir ne dura
gueres : il s'étoit évanoui avant même que j'euffe
quitté M. de Kornman : & le lendemain matin de
très-bonne heure , je reçus sans surprise une lettre
de lui qui m'annonçoit que *sa pofition étoit tel-*
lement compliquée qu'elle n'admettoit plus de
poffibilité d'aucun accommodement ; qu'il croi-
roit n'avoir pas beaucoup de peine à m'en con-
vaincre : que s'il ne m'en avoit fait fur le champ
l'obfervation que partiellement , c'eft qu'il étoit
tellement étourdi du récit de mon entrevue , que
que les idées qu'elle avoit fait naître , ne s'étoient
préfentées que fucceffivement à fon efprit.

Ainfi je vous fupplie , monfieur , d'annoncer
pofitivement la vraie fituation dans laquelle vous
m'avez trouvé : car je veux que mes ennemis me
reconnoiffent vrai jufqu'au dernier moment. Dites
donc , je vous prie , que vous avez trouvé en moi
un homme parfaitement réfigné à la mort , étant
perfuadé que cet arrêt terrible a été prononcé du
moment même que ma femme a été placée , mal-
gré mes réclamations , au milieu de la fociété la
plus corrompue , laquelle eft devenue par une
fuite indifpenfable la fource féconde de tous les
malheurs qui ont fucceffivement écrafé toute ma
famille : que je ne cherche plus à me fouftraire à
cet arrêt , puifque je ne veux pas contrarier les
décrets d'une Providence infiniment fage qui a
permis ces défordres : que par conféquent le feul
objet qui m'occupe encore pendant le peu d'inftans
qui me reftent à végéter , c'eft de chercher à placer
mes enfans dans une pofition telle que , privés de
mon affiftance par ma mort , ils n'aient pas à me
reprocher un jour leur exiftence , & mon infou-

ciance d'avoir négligé à leur procurer les moyens de parcourir pendant le tems de leur durée une carriere honnête, & sur-tout de n'avoir point à rougir de celui dont ils portent le nom.

Je suis bien persuadé, monsieur, que malgré la corruption actuelle de nos mœurs, ce terme de mon ambition ne pourra m'être refusé par ceux auxquels le soin d'interprêter & de faire exécuter les loix est confié, & que les protections ni l'intrigue ne pourront contrarier la pureté de mes intentions.

Voilà mes confessions, monsieur ; annoncez que je serai sage & modéré ; que, n'ayant plus de jouissances sur la terre, je suis sans passion, & que je ne me plais pas à faire le mal.

Je crois devoir observer en finissant, n'avoir pas dit à M. de Kornman que M. Lenoir m'eût parlé de mépris & de mécontentement à l'égard de M. de Beaumarchais. A la vérité, il fut question en parlant de ce dernier, de méfestime & de mécontentement, & ces expressions désignoient bien les sentimens d'un magistrat ; mais ce magistrat n'étoit pas M. Lenoir.

Avec la même exactitude j'ajouterai que j'ai cherché à rassurer M. de Kornman, au sujet des paroles de M. Lenoir, & comme tout m'a paru sincere dans les discours, le maintien, les regards & le ton de ce magistrat, je m'en suis expliqué ainsi avec M. de Kornman.

Enfin la vérité ne seroit satisfaite qu'imparfaitement, si j'omettois de répéter ce que j'ai dit à M. Lenoir, aussi bien qu'à M. de Brunville, que j'avois peut-être contribué à l'erreur des *observations* sur le fait dont il s'agit. En effet, me promenant dans le jardin de M. de Kornman douze ou quinze jours après la publication de fon mémoire, avec M. Bergaſſe, ce dernier me dit : *comment trouvez-vous M. de Beaumarchais , qui fait répandre maintenant dans le monde que M. de Kornman avoit demandé deux cent mille francs pour ſe taire avant la retraite de M. de Calonne ; mais que , depuis la retraite de ce miniſtre , il ne veut plus entendre à rien. . . Oh ! pour cela , repliquai-je avec vivacité , c'eſt un peu fort ; je ſuis ſûr du contraire. Vous ſavez que j'ai porté à M. de Kornman des paroles d'accommodement avant la retraite de M. de Calonne , & qu'il les a fortement rejettées ; vous pouvez le dire , & me citer.*

Voilà toutes les circonſtances qui peuvent ſervir à faire juger la conférence du 31 mars & les ſuites qu'elle occaſionne. Après avoir lu & relu mon écrit auſſi attentivement que s'il s'agiſſoit d'une dépoſition , je n'y trouve rien que je ne puiſſe atteſter ſur mon honneur. Fait à Paris , ce 1 juin 1787.   *Signé* , DEPREMESNIL.

Ces lettres & cette déclaration établiſſent clairement qu'il eſt faux , que j'aie ſollicité la ſuppreſſion du mémoire ; qu'il eſt faux , que j'aie offert de procurer un rembourſement de 600,000 livres , & enfin que je n'ai à répondre qu'à des calomnies.

Après ces témoignages rendus par deux magiſtrats dont l'intégrité eſt reconnue , comment qualifier l'aſſertion de M. Kornman ? Elle étoit cependant bien poſitive , bien circonſtanciée & paroiſſoit ne laiſſer aucun doute. Cette accuſation , la plus odieuſe de toutes , doit fixer l'opinion ſur les

autres, qui étant avancées, fans preuve, fans aucune bafe, ne peuvent être repouffées que par une
fimple dénégation.

Cet expofé fuffira fans doute pour exciter l'in-
dignation, en montrant avec quelle facilité le menfonge outrage la probité ; & peut-être me per-
mettra-t-on d'ajouter, qu'après avoir regardé pendant tant d'années, comme un des devoirs les
plus facrés de ma place, d'arrêter la calomnie, &
comme une de mes plus douces fatisfactions d'en
préferver les gens de bien, il eft douloureux pour
moi d'être aujourd'hui aux prifes avec elle, &
d'éprouver l'amertume qu'elle laiffe encore, lors
même qu'elle eft confondue.

OBSERVATIONS

DE

DE BERGASSE,

Sur un écrit de M. DE BEAUMARCHAIS.

J'Ai aussi quelques observations à faire sur l'écrit de M. de Beaumarchais. Ces observations auront pour objet de faire connoître les motifs qui m'ont porté à embrasser la défense de M. Kornman. En les lisant, on concevra que les menaces de M. de Beaumarchais doivent peu m'effrayer, & que ma conduite personnelle, dans cette affaire, a été trop pure, pour qu'il puisse jamais devenir pour moi un adversaire redoutable.

J'ai connu M. Kornman, quelques jours avant la détention de son épouse. J'ai fait, avec lui, un voyage aux eaux de Spa, peu de tems après cette détention. Il ne m'a confié ses peines, pour la premiere fois, qu'à l'époque où M. de Beaumarchais se permit de signifier à M. Turpin qu'il prenoit madame Kornman sous sa protection, c'est-à-dire, autant que je m'en rappelle, un mois environ après son retour de Spa. Quelqu'outragé qu'il dût être dans cette circonstance, il ne parla de madame Kornman qu'avec l'intérêt le plus vif, & en homme qui étoit bien moins occupé de se venger d'elle, que de l'arracher à un systême de séduction,

séduction , qui ne pouvoit que lui devenir funeste.

Depuis , il s'est fréquemment entretenu de madame Kornman avec moi , toujours profondément affecté de ce que les hommes auxquels elle avoit abandonné sa confiance , ne travailloient qu'à l'aliéner de lui , toujours voulant la ramener auprès de ses enfans. On trouve dans les pieces justificatives de mon mémoire, deux lettres à M. Amelot, une requête au roi , & sur-tout une lettre à madame Kornman , que M. Lenoir , malheureusement , ne lui a pas remise , qui prouvent, je le crois , de la maniere la plus évidente , que dans toutes les démarches que M. Kornman a faites auprès des ministres & des magistrats, il n'a jamais eu pour objet que de rappeller son épouse à elle-même , & de préparer le moment où il pourroit la rétablir dans sa maison , avec tous les avantages dont elle jouissoit auparavant.

Ces différentes pieces sont mon ouvrage. Je les ai rédigées dans le tems , d'après les idées de M. Kornman ; & je l'ai fait d'autant plus volontiers , qu'ennemi des principes trop austeres , & naturellement porté à l'indulgence , je trouvois dans la conduite de M. Kornman, le modele de celle que j'aurois tenue moi-même , en une circonstance semblable.

Madame Kornman, transportée tout à coup du sein de ses habitudes domestiques dans une société brillante , mais dépravée , & où elle n'entendoit parler qu'avec légéreté des devoirs si respectables d'épouse & de mere, n'a pu résister long-tems au torrent de corruption dans lequel on l'avoit entraînée. Aliénée de son époux par des hommes qui mettoient le plus grand intérêt à la séduire ; per-

suadée qu'elle n'en étoit plus aimée , & qu'elle
avoit irrévocablement perdu son estime , elle a
cherché , comme il n'arrive que trop souvent , à
s'étourdir sur ses fautes en en commettant de nouvelles , & d'imprudences en erreurs , elle est enfin
arrivée à la situation déplorable où elle se trouve
aujourd'hui.

Durant le cours de ses égaremens , & depuis
que M. Lenoir lui avoit accordé la liberté d'exister
à Paris comme elle le jugeroit à propos , je me
suis contenté de plaindre M. Kornman ; & quoique j'allasse habituellement chez lui , rarement j'ai
eu part aux déterminations qu'il a prises ; je laissois
aux jurisconsultes le soin de le diriger dans ses démarches ordinaires , & ce n'a guere été que dans
des momens difficiles , & quand il lui importoit
de s'élever au dessus de toutes les formes , que je
l'ai aidé , autant qu'il étoit en moi , de ma plume
& de mon courage.

J'ai sauvé , à Spa , M. Kornman de son propre
désespoir , & en l'engageant à retourner à Paris ,
je l'ai invité , comme on l'a vu dans mon mémoire,
à mettre tout en œuvre pour faire connoître enfin
les hommes qui , après lui avoir enlevé sa femme ,
travailloient avec tant d'ardeur à le dépouiller à la
fois de sa réputation & de sa fortune.

Dans l'espace de tems qui s'est écoulé depuis
son retour à Paris jusqu'à son assassinat , je n'ai pris
aucune part à ce qu'il a fait pour échapper aux
manœuvres de ses ennemis. Seulement , je me
rappelle qu'une parente de M. de Beaumarchais
m'ayant proposé de me faire faire sa connoissance ,
je lui exposai quelle étoit ma maniere de penser
sur M. de Beaumarchais , d'après ce qui s'étoit

paſſé entre M. Kornman & lui, & comment ma délicateſſe s'oppoſoit à ce que je le viſſe, juſqu'à ce que je ſuſſe qu'elles étoient ſes diſpoſitions à l'égard de M. Kornman.

On me rapporta que M. de Beaumarchais deſiroit pacifier les différens qui exiſtoient entre M. Kornman & ſon épouſe. Je m'en expliquai avec M. Kornman, qui pâlit au nom de M. de Beaumarchais, & me rendit compte alors de tous les griefs qu'il avoit contre lui. Je les ignorois en grande partie. Je l'avoue, quand il m'en eut fait le récit, je compris qu'outragé comme il étoit, il ne devoit pas héſiter un inſtant entre la mort & la manifeſtation de ſon innocence.

J'aime les enfans, & ceux de M. Kornman m'intéreſſoient d'autant plus que leur pere étoit plus infortuné. Juſqu'à l'époque de ſon aſſaſſinat, voulant demeurer étranger à toutes ſes querelles avec ſon épouſe, je ne me ſuis abſolument entretenu avec lui que de la maniere dont il me paroiſſoit convenable de les élever. Il me conſultoit fréquemment ſur cet objet, & c'eſt en partie d'après mes idées, qu'il a déterminé le plan d'éducation qu'il leur fait ſuivre aujourd'hui (1).

---

(1) Croiroit-on que M. de Beaumarchais affecte de faire répandre dans le public que je ſuis l'inſtituteur des enfans de M. Kornman. Perſonne n'a une plus haute idée que moi des fonctions d'inſtituteur; mais j'appartiens à une famille dont les reſſources ſont connues, & ma poſition ne me met pas dans les cas de recourir à cette maniere d'être pour exiſter. Indépendant par ma fortune, & par mon caractere de toute profeſſion qui pourroit m'aſſervir à la volonté d'autrui; n'ayant jamais même voulu appartenir à aucune profeſſion, quoique j'euſſe pu choiſir entre les plus honorables, je ſuis au-deſſus

A peu près à l'époque de fon affaffinat, prêt à partir pour me rendre dans ma famille, & voulant voyager enfuite pour achever un ouvrage fur la législation, que j'ai entrepris depuis long-tems, je m'occupois paifiblement avec lui à compofer, avant mon départ, un mémoire fur l'affaire des Quinze-Vingts, qu'il a depuis préfenté au roi par le miniftere de M. le grand aumônier de France. Tandis que nous travaillions à ce mémoire, il a été affaffiné. N'efpérant pas alors furvivre à fes chagrins, il me montra, en préfence de fes enfans, un acte rédigé, je crois, une année auparavant, par lequel il me léguoit *leur défenfe & leur éducation*.

Vous qui lifez ceci, déterminez, je vous prie, la maniere dont je devois me conduire dans cette circonftance ; voyez le pere mourant, voyez les enfans fondant en larmes à fes pieds, & prefcrivez-moi, fi vous l'ofez, un rôle différent de celui que je joue aujourd'hui. J'aimois les enfans, j'aimois & j'eftimois le pere, & tout le monde l'abandonnoit, & perfonne n'ofoit le défendre. J'avois été pendant fix ans témoin de fa patience, de fa modération. Ces fix années, je crois, devoient fuffire pour déterminer l'opinion qu'il me convenoit d'avoir de fon caractere & de fon innocence, & cette opinion une fois acquife, devois-je héfiter,

---

de tous les befoins. En défendant M. Kornman, j'ai fatisfait tout fimplement aux devoirs de l'amitié, & je me fuis conduit comme tout homme honnête auroit fûrement fait à ma place. Il eft vraiment abfurde de me fuppofer en ceci d'autres motifs que ceux qui ont été fi bien apperçus par tous mes lecteurs ; & il me femble que M. de Beaumarchais devroit mettre un peu plus d'a dans fes calomnies.

& n'aurois-je pas été le plus méprisable des hommes, si, redoutant les dangers auxquels j'allois être
exposé , j'avois pu m'éloigner d'un pere malheureux, que la nature & l'honneur m'ordonnoient si
impérieusement de défendre.

J'ai donc écrit, & non seulement j'ai écrit, mais
j'ai employé un tems considérable à déconcerter
des intrigues de toutes especes, imaginées pour le
dépouiller, s'il étoit possible , des restes de sa
fortune. Ma santé étoit déja très-altérée , j'ai
achevé de la détruire , en me livrant à cette tâche
difficile , & je n'espere pas maintenant qu'elle se
rétablisse ; mais j'ai rempli mon devoir, & je finirai
sans regret. Cent fois je me suis traîné, foible &
souffrant, de mon lit à mon bureau , pour achever
le mémoire qu'on a lu. On assure que ce mémoire
a fait verser quelques larmes. On n'en répandra
jamais autant que j'en ai répandu moi-même en
m'occupant de le rédiger. J'avois toujours sous les
yeux cette infortunée qu'il me falloit dénoncer
aux tribunaux , & que je ne dénonçois qu'à
regret, & en rendant compte des malheurs dont
je ne pouvois m'empêcher de la regarder comme la
premiere cause ; sans cesse j'étois préoccupé de
l'idée de la rappeller à elle-même , & de la rendre
un jour à ses enfans.

Voilà ce que j'ai fait ; voici ce dont je suis menacé :

Aujourd'hui M. de Beaumarchais publie qu'il
n'aura de repos que lorsqu'il m'aura fait condamner
aux galeres (1). Ce mot épouvantable , & qui ne

____

(1) Croiroit-on que cette menace a déterminé plusieurs personnes à prier M. Kornman d'effacer leur nom
de la liste de son portier , où ils s'étoient fait inscrire
pour se procurer des mémoires ? Il est bon de faire
connoître cette puérilité.

devroit être que ridicule, répand l'effroi ; & il est bon que je dise que des hommes en place, & même des magistrats, qui ont eu la lâcheté de s'associer à la vengeance, ne craignent pas de le répéter après lui, & d'en justifier la témérité.

Moi, je suis tranquille.

Depuis trois mois on me menace d'assassinat, de poison, d'emprisonnement, de lettres de cachet, & maintenant c'est le bourreau qui doit être le vengeur de M. de Beaumarchais.

A LA BONNE HEÚRE !

Je ne pense pas cependant qu'un homme tel que M. de Beaumarchais, puisse devenir aujourd'hui l'occasion d'une grande injustice ; mais, quoi qu'il en soit, il est bon de lui donner la mesure de mon caractere ; il faut lui apprendre que, si par un concours de circonstances effroyables, il se trouvoit tout à coup armé d'une grande puissance, il ne me feroit pas trembler ; que, parlant au nom de la probité malheureuse, je me sens capable de supporter jusqu'à l'infamie ; que je ne crains sur la terre que ma conscience ; & que, s'il étoit possible que je fusse victime de mon courage, en défendant une cause que je crois juste, mon ame seroit calme, à l'instant même où mes mains porteroient des fers.

BERGASSE.

8 Mai 1787.

OBSERVATIONS
DE M· KORNMAN,

Sur un écrit de M. DE BEAUMARCHAIS.

JE viens de lire un écrit signé *Pierre-Augustin-Caron de Beaumarchais*, dans lequel M. de Beaumarchais caractérise avec toutes les expressions de la rage, le mémoire que j'ai publié pour ma défense.

Je dois faire quelques observations sur cet écrit.

M. de Beaumarchais prétend que mon mémoire n'est qu'un libelle que j'ai craint d'avouer. M. de Beaumarchais se trompe. A l'instant où mon mémoire a été publié, c'est-à-dire le 12 de ce mois, j'ai écrit à M. le garde des sceaux, à M. l'archevêque de Toulouse, & à M. le baron de Breteuil, trois lettres, dans lesquelles je leur ai déclaré que je répondois de tous les faits qu'il contient. Depuis, & parce que dans l'assemblée des notables on s'est aussi efforcé de faire regarder ce mémoire comme un libelle, j'ai adressé à tous les membres de l'assemblée une lettre circulaire, où j'expose les raisons qui m'ont déterminé à le répandre dans la forme sous laquelle il paroît aujourd'hui.

M. de Beaumarchais voudroit faire entendre que j'ai lâchement profité des circonstances actuelles, où le crédit d'un de mes adversaires est devenu moins redoutable, pour diriger mon attaque avec plus de sûreté. M. de Beaumarchais se trom

pe. Avant l'exil de M. de Calonne , j'ai été folli-
cité par M. Lenoir de fupprimer mon mémoire ;
& , à ce prix , il offroit de me faire rembourfer
fur-le champ tout ce qui m'eft dû dans l'affaire des
Quinze-Vingts (600,000 liv.); & à ce prix encore , il offroit de m'abandonner M. de Beaumarchais , fur le compte duquel il ne s'exprimoit
qu'avec mépris , & qu'il vouloit faire regarder
comme le feul auteur de la perfécution dont je
me plains. La négociation pour cèt objet a été
entamée chez M. le procureur du roi , ami particulier de M. Lenoir. Les paroles de M. Lenoir
m'ont été portées par M. d'Efpremenil ; & il doit
exifter dans les mains de M. d'Efpremenil une
lettre de moi , dans laquelle je lui déclare que je
préfere mon honneur à ma fortune , & que quelques offres qu'on me faffe , on ne me réduira jamais au filence.

M. de Beaumarchais annonce qu'il a rendu
plainte contre l'auteur & les diftributeurs de mon
mémoire. J'ai ici deux chofes à remarquer : d'a-
bord fa plainte eft inutile ; car elle n'a pour objet
que de parvenir à découvrir quel eft l'auteur du
mémoire , & quel en eft le diftributeur. Or , le
diftributeur , c'eft moi ; l'auteur , eft M. Bergaffe,
qui ne rougit pas de m'avoir défendu. Enfuite , la
plainte de M. Beaumarchais ne peut guere être re-
gardée que comme une récrimination , il la date
du 17 mai , & j'ai rendu plainte contre lui en
diffamation il y a environ trois femaines. Ma
plainte a été répondue par M. le lieutenant criminel. J'attends les conclufions de M. le procureur
du roi , comme j'attends , depuis près de trois
mois , d'autres conclufions qu'il m'a promifes fur

la

la procédure criminelle que j'ai été forcé d'inten-
ter à ma malheureufe époufe. L'efpoir de terminer
toutes ces querelles fans combat, a porté M. le
procureur du roi à différer jufqu'à préfent à fatis-
faire mon impatience. Son rôle de pacificateur eft
fini, & fes fonctions de magiftrat vont fans doute
commencer.

M. de Beaumarchais publie, en raffemblant
quelques nouvelles calomnies dans l'écrit auquel je
réponds, qu'il appuiera de pieces juftificatives toutes les accufations dont il fe propofe de me rendre l'objet ; & il a dit en particulier à plufieurs
de fes partifans, qui le répetent avec affectation,
qu'il a en fa poffeffion plus de quarante de mes lettres, qui prouvent que j'ai été le premier auteur
des défordres de mon époufe. Il faut que ces lettres aient été écrites depuis peu par une perfonne
qui a emprunté ma reffemblance, car je n'en ai
aucune idée. D'ailleurs, j'ignore jufqu'à quel point
il eft poffible de trouver, au befoin, des pieces
juftificatives.

M. de Beaumarchais veut perfuader que je n'ai
fait imprimer mon mémoire que pour empêcher,
s'il étoit poffible, le fuccès de fon opéra de Tarare : je ne veux aucun mal à Tarare : dans la fo-
litude profonde où je vis, je n'en foupçonnois pas
même l'exiftence. On m'affure aujourd'hui qu'il y
a dans cet ouvrage des fcenes agréables, & des
effets de décoration & de mufique très-brillants. Je
ferois donc très-fâché que ma querelle particuliere
avec M. de Beaumarchais, privât le public de la
repréfentation de fa piece. Mais il me femble qu'il
ne falloit pas parler de Tarare, quand il s'agit
d'oppreffion, de calomnie, de mœurs & de
liberté.

E

Au reſte, le développement de ma procédure apprendra qui de M. de Beaumarchais ou de moi diffame ſon adverſaire. Mes forces ſont preſqu'épuiſées ; mais j'en emploierai les reſtes à développer le ſyſtême de perſécution dont je ſuis depuis trop long-tems la victime. Heureux, ſi, en rempliſſant cette tâche pénible, je puis arracher mon épouſe à ſes cruels ſéducteurs ! Je ſais qu'ils s'efforcent de la tromper encore : mais je la connois ; malgré ſes longues imprudences, & celles dont on parviendroit à la rendre de nouveau coupable, elle me ſera toujours chere ; & je ne doute pas que le moment n'arrive où je pourrai la rendre à ſes enfants (1).

G. KORNMAN.

Paris, le 23 mai 1787.

---

(1) Je ſuis fâché de ne pouvoir répondre dans ce moment à l'empreſſement de toutes les perſonnes qui me demandent mon mémoire. Je compte actuellement plus de 4000 noms enrégiſtrés chez moi ; mais toutes les preſſes me ſont interdites. Il faut eſpérer que cet état d'oppreſſion ne durera pas toujours.

AUTRES

OBSERVATIONS

DE M. KORNMAN.

IL importe que je rende compte au public d'une anecdote singuliere : samedi , 26 du courant , une jeune fille , toute éplorée , s'est présentée chez moi , & a désiré parler à M. Bergasse.

M. Bergasse lui a demandé le sujet de sa désolation ; elle lui a raconté que M. de Beaumarchais venoit d'obtenir un ordre du roi pour faire arrêter son malheureux pere , jadis son portier , que cet homme ayant eu l'imprudence , dans l'état de détresse où M. de Beaumarchais l'a réduit , de lui écrire que , s'il ne vouloit pas venir à son secours, il pourroit bien lui arriver de rendre compte de beaucoup de faits relatifs à mon affaire , M. de Beaumarchais n'avoit trouvé d'autre parti à prendre , pour l'empêcher de parler , que de le faire enfermer , & qu'elle avoit eu beaucoup de peine à le soustraire aux espions de police qui le cherchoient.

Puis elle a remis à M. Bergasse l'écrit suivant , rédigé par sa mere , ou au nom de sa mere, & signé par elle.

« La substance de la lettre de mon mari à M.
» de Beaumarchais, autant que nous avons pu ,
» ma fille & moi, nous en rappeller , est celle-ci :

M o n s i e u r ,

» Vous m'avez réduit à la plus grande indigen-
» ce après que je vous ai servi près de neuf ans ;
» car je fus renvoyé à l'occafion de certains vols
» commis chez vous, & dont vous favez bien que
» je fuis innocent : cependant je ne puis trouver
» de place nulle part ; car on ne veut pas de moi
» auffi-tôt que je dis que je fors de chez vous. Je
» pourrois aujourd'hui , monfieur , vous nuire
» dans l'affaire que vous avez ; mais fi je ne le
» fais pas par le fouvenir de vous avoir fervi , il
» eft jufte auffi que je fois dédommagé , & je
» préférerois affurément , dans l'état où je fuis ,
» que vous priffiez ce parti en faveur de votre an-
» cien ferviteur ,

Signé , MICHELIN.

« Le fens ou les expreffions de cette lettre ,
» qui ne contient rien que de naturel , ont été
» empoifonnés par l'efprit diabolique de M. de
» Beaumarchais , qui a trouvé des gens affez lâ-
» ches pour condefcendre au crime de faire em-
» prifonner mon mari , après l'avoir réduit à la
» plus affreufe mifere depuis deux ans.

» Si l'on demande quel intérêt fi preffant il
» avoit de faire perdre la liberté à un pauvre dia-
» ble ; au lieu de méprifer fa lettre , c'eft que le
» pauvre malheureux avoit été témoin de bien
» des chofes , & qu'il veut lui fermer la
» bouche ».

M. Bergaffe a fur le champ envoyé cette fille à
un magiftrat refpectable , qui , juftement indigné

de la vexation qu'elle lui a dénoncée , s'eſt employé avec beaucoup de zele à procurer ſa liberté.
M. Bergaſſe ignore ſi ce magiſtrat a réuſſi : quoi
qu'il en ſoit, il m'importe que cet homme ſoit re-
préſenté ; non pas que je veuille me prévaloir de
ſon témoignage , mais ſa dépoſition peut donner
lieu à beaucoup de renſeignements propres à jetter
un grand jour ſur les manœuvres dont j'ai été la
victime.

Signé G. KORNMAN.

Paris , 27 *mai* 1787.

   P. S. On m'entretient ſi ſouvent des quarantes
lettres que j'ai écrites , & dont M. de Beaumarchais doit , dit-on , faire uſage pour ſa juſtifica-
tion , que je crois devoir le ſommer ici ; & pour
cauſe, de les dépoſer au greffe , & de les faire
imprimer , non pas par lambeaux , mais toutes
entieres. Quelques phraſes extraites d'une lettre
peuvent donner lieu à des imputations malignes ,
& je ſuis bien ſûr que l'enſemble des miennes ,
rapproché des circonſtances où je les ai écrites ,
ſuffira pour détruire de telles imputations.

ADDITION importante à mon Mémoire.

   Lorſque j'ai imprimé dans mon mémoire la
lettre écrite par M. de Beaumarchais à M. Amelot,
j'ignorois un fait important ſur lequel j'ai reçu des
éclairciſſements authentiques que je dois , comme
beaucoup d'autres , à la part que les honnêtes
gens ont priſe généralement au ſuccès de ma

caufe. Dans cette lettre , qui a frappé tous mes lecteurs par le ton d'infolence qui caractérife mon adverfaire , & par la méchanceté qui l'a dictée , on a dû remarquer que mon adverfaire s'appuyoit fur une autorifation fpéciale de S. A. S. monfeigneur le duc d'Orléans , alors duc de Chartres , pour me faire excepter de l'arrêt de furféance , & me pourfuivre avec vigueur.

J'avois toujours fufpecté la vérité de cette autorifation , malgré l'air d'affurance avec lequel M. de Beaumarchais s'en eft prévalu , & s'en prévaut encore , parce qu'elle m'avoit paru répugner aux principes d'équité qui diftinguent S. A. S. : aujourd'hui je ne puis douter que cette miffion n'ait été qu'une fable imaginée par le fieur de Beaumarchais pour donner du poids à l'acte d'iniquité qu'il vouloit confommer ; & j'en fuis tellement convaincu , que je lui porte ici publiquement le défi de rapporter un écrit par lequel S. A. S. reconnoiffe lui avoir donné un femblable pouvoir.

Si cette autorifation n'eft qu'un menfonge , combien le crime du fieur de Beaumarchais s'aggrave !

Pour confommer ma ruine , il s'appuie d'un nom facré ; il fe joue de ce nom pour en impofer au miniftre du roi, & pour en faire un double & fûr inftrument de fes coupables vengeances.

Signé G. KORNMAN.

Paris , ce mercredi foir 30 mai 1787.

LE PUBLIC

A

PIERRE-AUGUSTIN CARON

DE BEAUMARCHAIS.

» O Public, public de Paris !.... Ce n'eſt pas
» *Guill. K......* que je travaille à convertir, c'eſt
» vous, *public inconcevable !* Athéniens légers
» & cruels ! qui vous livrez comme des enfans
» au premier *brigand* qui vous parle ; & toujours
» *injuſtes* avec moi juſqu'à la cruauté ! puis re-
» venant enſuite à une juſtice foible & tardive,
» mais qui ne remédie jamais au mal affreux
» de vos premiers diſcours ! Athéniens toujours
» entraînés, n'aurez-vous donc que la crédulité du
» jour & le jugement du lendemain ? *Page* 44
» & 64 *d'un ſoi-diſant mémoire, ſigné* C. D. B...

Vous m'apoſtrophez avec votre immodeſtie ordinaire, ſieur P. A. C. de B...! Il eſt tems de
mettre un frein à votre impudence ; il eſt tems
de vous ouvrir les yeux ſur l'abſurde & vaniteuſe
illuſion qui vous a ſéduit juſqu'alors ! Je dois enfin
vous apprendre à diſtinguer l'homme de l'homme ;
le public frivole qui vous admire, du public ſage
qui vous dédaigne ; le public qui s'amuſe de vos
pitoyables rapſodies, de vos farces dégoûtantes,
du public qui ne voit en vous que l'excrément de la

littérature & du goût ; le public qui s'abufe fur les anecdotes fcandaleufes & criminelles de votre vie , du public qui regarde votre exiftence phyfique & morale comme un tort de la nature & des loix.

Je vais donc defcendre jufqu'à vous , fieur de B..., & puifqu'une partie de moi-même a eu la foibleffe de s'occuper d'un homme qui méritoit fi peu fon attention & fon eftime , je vais m'oublier à mon tour , reculer pour un moment la barriere que le mépris a mis entre moi & vous ; je vais perdre quelques momens à vous répondre , & vous rendre enfuite au néant qui vous redemande.

Juge , fi je le voulois dans ma propre caufe , je n'aurois aucun compte à rendre de mon opinion dans votre affreux procès avec le fieur Kornman. Convaincu , parce que je dois l'être , du bon droit de toute perfonne qui a le malheur d'avoir une difcuffion avec vous , je prononcerois , & je devrois prononcer ; mais j'oublie mes droits , ou plutôt , je ne veux les faire valoir qu'au tribunal de l'équité. C'eft à ce tribunal augufte , devant lequel vous ne parûtes jamais , que je prétends vous traîner ; je vous en préviens , fieur de B... Là , il n'y a aucuns refforts cachés à faire jouer ! point d'intrigues dont on puiffe faire ufage ! point d'or à répandre ! point de magiftrats à féduire ! point de juges à corrompre ! point de gens affez bas pour protéger le crime ! point de femmes à proftituer ! point de faux témoins à fuppofer ! point d'impoftures , point de calomnies, point d'efpionnage , point de pieges , point de conjurations , point d'attentats !.....

Tremblez , tremblez , B....! vos reffources ordinaires vont vous être ravies ; vous allez paroître

ce

ce que vous êtes , le plus vil , le plus odieux des
hommes.... B....!

PREMIERE QUESTION.

*Le public a-t-il dû s'intéresser aux malheurs de
M. Kor. avant de le connoître ? A-t-il dû
s'y intéresser davantage , après la lecture de
son mémoire ?*

Pour procéder avec ordre , sieur C.., & rendre compte de ma conduite , non pas à vous ,
homme méprisable, (votre orgueil pourroit peut-être s'y méprendre) mais à cette partie de moi-même , que vous & vos farces ordurieres ont
malheureusement gangrenée ; je vais , dans cette
premiere question , examiner si j'ai dû m'intéresser aux malheurs de M. de Kor. avant
de le connoître , avant d'être instruit du genre
de maux dont il avoit à se plaindre , de l'espece
de gens à qui il avoit affaire ; ensuite , si la lecture
de son Mémoire a dû diminuer ou augmenter
l'intérêt qu'il m'avoit d'abord inspiré.
Dans des questions qui suivront de près celle-ci , j'établirai mon opinion sur la conduite que
vous avez tenue depuis l'éclat qu'a fait ce que
vous appellez le Libelle de M. de Kor.....;
j'examinerai le fonds & la forme de cette insipide
& dégoûtante réponse où vous m'apostrophez
d'une maniere qui mérite plus de pitié que de
colere , parce que , dites-vous : (depuis l'instant
où Guill..... Kor..... &c. vous avez vu mes yeux
braqués sur le meilleur des méchans hommes ,
comme des pieces de canons , & de belles dames

bien *foiblettes* pleurer , hélas ! fur ce pauvre
Holopherne , &c.) triviales expreffions , plates
équivoques , que je ne cite pas ici pour prouver
que vous êtes un homme fans goût, mais parce
que la prétention de votre jargon, tout pitoyable
qu'il eft, annonce aux perfonnes fenfées la foibleffe des moyens qu'on a pour fe défendre , quand
on eft réduit à recourir à des pointes fades , &
à des calembourgs , pour exciter un rire fardo-
nique dans la difcuffion d'un Procès où il s'agit
d'adultere , de féduction , de diffamation , d'affaffinat , de poifon.

Vertueux amis (1 du fieur C. , *& vous bons
cœurs de femmes , qui avez fait les délices* de
cet homme fi digne de vos faveurs , fouffrez
donc que *l'eftime qui lui appartient , dorme
encore chez ce public inconcevable & prévenu* ; peut - être qu'en fe réveillant il *diffipera
le nuage dont la démence a ombragé un front*
où la candeur brilloit auparavant dans tout fon
éclat.....

Un Mémoire , dit-on , paroît fecrettement. Il
y s'agit de chofes les plus graves ; il eft écrit avec
autant d'intérêt que d'énergie.

Conduit par mon avidité ordinaire , qu'on me
reproche toujours & qu'on a toujours tort de
me reprocher , puifqu'on s'empreffe toujours à

---

(1) On voit bien que toute cette tirade eft du ftyle de
B.... & extraite de fa réponfe. Au fujet de fon exclama-
tion , *Vertueux amis !....* Je ne puis m'empêcher de citer
une plaifanterie qui annonce l'opinion de ceux mêmes
qui rient des chofes les plus férieufes.... *Vertueux amis !...
cela a dû faire un grand mouvement à Bicêtre !*

l'entretenir , je fais mes efforts pour me le procurer. Je cours chez tous les dépositaires publics de nouveautés dont la Capitale abonde. On connoît ce Mémoire , mais il ne s'y trouve pas. J'en demande la caufe ; on me dit à voix baffe qu'on a reçu les défenfes les plus pofitives de le répandre. Mon défir s'augmente à mefure que les difficultés fe multiplient. J'interroge l'un après l'autre chacun des membres qui me compofent... Quelles fortes d'entraves peuvent donc empêcher un citoyen de rendre fa caufe publique ? .... les loix ?...

On me répond :

Les loix font impuiffantes où triomphent le crédit & l'intrigue.... Un effroi criminel a faifi ces hommes dont la tâche la plus honorable eft de défendre l'innocence contre les atteintes de l'oppreffion.... Ce Mémoire enfin n'eft revêtu d'aucune fignature de Gens de loi... donc c'eft un Libelle.

A cette conclufion bien digne de celui qui l'a prife depuis , je m'écrie : Aucun tribunal n'eft donc faifi de la conteftation dont ce Mémoire eft l'objet. Le citoyen , le malheureux pour qui ce Mémoire eft compofé , ne s'eft donc pas rendu garant des faits qui y font contenus ? il ne l'a donc pas figné ?...

On me répond :

Toutes les formalités font remplies ; il l'a figné ; il garantit l'authenticité de tous les faits qui font contenus dans fon Mémoire ; il n'a négligé aucuns moyens pour le faire paroître dans les formes prefcrites & légales. Démarches , prieres , folliciations , larmes , il a tout mis en œuvre ; mais ses démarches ont été infructueuses ; on a rejetté ses prieres ; on a éludé ses sollicitations ; on a vu couler ses larmes, & les cœurs se sont fermés à la compassion....

Anéanti par ces réponses, & persuadé que le crédit & l'intrigue ne peuvent rien où la justice ordonne ; peu s'en faut que je n'imagine que l'infortuné dont il s'agit, n'ait attaqué les principes constitutifs de notre légiflation, mais ils les réclame : qu'il n'ait insulté la majesté du trône ; mais il est né sujet d'un monarque bienfaisant ; il est Français ; donc il adore son roi. Je ne sais pas encore quel est cet infortuné ; mais je le plains ; mais je m'intéresse à lui, à son sort. Une secrette émotion porte naturellement nos ames vers ceux que les revers accablent. Le criminel que la justice divine & humaine condamne, excite bien notre pitié ; les apprêts de son supplice nous arrachent des pleurs ; ses forfaits pourtant nous sont connus. Pourquoi donc, sieur de B...., vous que j'ai vu avec quelque chagrin dans un simple lieu de correction, où vous n'éprouviez d'autres entraves que celles de ne pouvoir nuire à vos semblables ? pourquoi voulez-vous que je sois insensible aux maux qu'éprouve un homme qui, bien loin d'être condamné par les loix, appelle les loix à son secours ? pourquoi, si je n'ai été qu'équitable, vous, homme perdu, dévoué depuis long-tems à l'anathême, osez-vous seul élever votre voix rauque & barbare, & insulter à la partie la plus saine du public, celle à qui vous n'inspirâtes jamais que de l'horreur & du mépris.

Cependant des motifs d'un intérêt plus pressant vont bientôt se joindre à celui-ci. C'est dans cette

circonftance, où toute autre qu'un B.... auroit peut-
être le droit de m'accufer de *délire*, fi c'eft un délire de fouhaiter ardemment que notre femblable
foit moins malheureux qu'il ne le paroît, & , pour
épargner notre propre fenfibilité , de lui fuppofer
quelque diverfion à fes chagrins.

J'apprends que l'infortuné eft époux & pere.....

Ah ! fans doute, me dis-je, une compagne auffi
vertueufe que belle effuie fes larmes ! fans doute la
vue de fes enfans , leurs tendres careffes , leurs
jeux innocens , réveillent fon ame abattue , & lui
rappellent des jours plus fereins qui pourront re-
naître. — Il eft fenfible aux douceurs de l'amitié....
Ah ! fans doute , tous fes amis empreffés , char-
ment , par les douceurs de leurs entretiens , les
foucis que fomentent & renouvellent à chaque inftant du jour , par leurs rubriques infernales , ces
noirs & rapaces Cerberes vomis par la chicane ,
& dont la gueule toujours béante afpire l'or & le
fang ! Tous à l'envi s'occupent fans doute à entretenir dans fa famille , la paix , & cette douce
union , fi précieufe entre l'époux & l'époufe , une
mere & fes enfans. — Il eft bon , compatiffant ,
généreux.... Ah ! fans doute tous fes domeftiques ,
attachés à lui par fes bienfaits , vont au-devant de
fes befoins , interprêtent fes moindres geftes , pré-
viennent fes moindres defirs....

Hélas ! le bandeau que l'illufion avoit mis fur
mes yeux va être arraché. Je le poffede enfin ce
mémoire , & je lis.

*Mémoire fur une queftion d'adultere, de féduction
& de diffamation, pour le fieur K.....*

CONTRE *la Dame fon époufe.*

Quoi ! c'eft de la dame K.... dont il s'agit ? de
cette femme dont les écarts & la débauche me font
connus ! de cette femme qui, foulant aux pieds
la décence, n'a pas feulement daigné refpecter les
préjugés d'un fexe aimable & toujours digne de
nos hommages, malgré fes foibleffes, lorfqu'il
fait au moins les céler fous le voile du myftere !
C'eft d'une femme adultere & proftituée dont il
s'agit ? & dans mon illufion je me la repréfentois
comme une époufe aimable & vertueufe, qui fé-
choit les larmes de fon époux ! C'eft d'une femme
adultere dont il s'agit ? & dans mon illufion, je
la voyois au milieu de fes enfans leur prodiguer
les foins d'une mere tendre, leur nommer l'auteur
de leurs jours, les inftruire comme ils devoient fe
joindre à elle, & par leurs careffes empreffées,
diffiper à fon retour les nuages dont un procès in-
jufte enveloppoit fon front.

Contre le fieur D..... de J......

Contre Daudet de Joffan ! cet homme pervers,
né dans le fumier des débauches, nourri de corruption & d'intrigues ! contre cet infâme proxe-
nete, ce ténebreux efcroc, plus fouillé que la
fange dont il ne fortit jamais que pour s'y plonger
davantage ! contre D..... de J....., à qui des pro-
tecteurs avilis ne rougirent pas de proftituer une

place honorable & des titres, qui lui fervirent à s'infinuer dans les familles, pour y porter le fouffle empoifonné de la féduction !.... Et cet homme croupi, dame Kornman, c'eft lui, c'eft un D...., pour qui une femme née *Faefch*, a oublié fes devoirs d'époufe & de mere, & a foulé aux pieds les loix facrées de l'honneur & de la bienféance ! c'eft un D....., qui a infecté le fang pur qui couloit dans vos veines ! c'eft du germe virulent & peftilentiel d'un D..... que s'eft formé, dans les flancs d'une *Faefch*, une créature deftinée fur la terre à maudire l'exiftence qu'elle doit à un.... D....!

Contre P. A. C. de B....

Contre P....-Aug.... C. de B....! qui ? ce Tigellin impur ! cet infâme Ruffin ! cet obfcur Eroftrate ! ce conjurateur Catilina ! cet adultere Crifpin ! ce traître Doeg ! cet infipide Marfus ! ce lâche Lovelace ! cet âcre Zoyle ! ce bannal, cet équivoque Figaro ! ce..... arrête, fixe-toi donc fous une forme, tortueux Protée ! arrête, que je faififfe tes traits ! ton complice D.... n'a pas épuifé mes plus noires couleurs.

Le pinceau échappe de mes mains..... Et vous auffi ? vous dans ce cloaque infect ! vous, dans le repaire des ferpens ! Non, ce n'eft pas vous, vous vous abufez, M. de K....; vos longues infortunes vous ont aigri.... Avec cet air gracieux ! avec cette candeur fur le front ! cette douce & prévenante affabilité ! ce ton toujours affectueux, qui appelle l'innocence, & donneroit des remords au crime !.... Non, l'on n'a pas l'ame vicieufe.

Je doute encore, & j'ouvre le mémoire. A cha-

que page j'y vois des faits articulés positivement ;
des faits que la plume n'a point hésité d'écrire.
A t-il été séduit ?.... s'est-il trompé ? a-t-il eu la
foiblesse, comme on l'avance , de regarder B....
» comme un scélérat redoutable , pouvant au
» besoin former des conjurations contre lui-
» même » ?.... une passion impérieuse !.... J'attends qu'il réponde (1) ; je me tais , & je vais
gémir avec M. de Kornman sur les abus de cette
police si vantée , sur cet espionnage.... A ce mot ,
je regarde autour de moi ; j'apperçois mon om-
bre : j'ai pâli........

    » O sublime équité ! ô vous qu'on m'accuse
ne pas toujours suivre pour guide , parce qu'on
se plaît à me confondre avec ce public inconstant
& sans cesse occupé de chimeres , c'est vous que
j'invoque ! jugez-moi.

    D'un côté , j'ai vu un être malheureux , persé-
cuté , environné de piéges , qui demande justice
ou la mort ; de l'autre , j'ai vu la tyrannie l'empêcher depuis long-tems de rendre sa justification publique ; j'ai vu des assassins attenter à ses
jours , lui préparer des poisons. J'ai entendu
l'explosion du coup qui devoit frapper sa tête.

    J'ai vu , d'un côté , un pere tendre qui m'intéres-
soit pour ses enfans , pour ses enfans orphelins.
J'ai vu un époux malheureux , trop foible , sans
doute , qui redemande , au nom de la nature &
des loix , une épouse fugitive , qui s'est arrachée
du sein de sa famille , pour aller habiter avec
l'opprobre : de l'autre , j'ai vu des impies ravir

---

(1) Il a répondu , le sieur Séguin aussi.... hélas !

l'épouse

l'épouse à l'époux, la mere à ses enfans. Je les ai vus, ces immondes Onochoètes, dans des orgies nocturnes, épuiser ce que la débauche a de plus crapuleux & de plus dégoûtant.

J'ai vu, d'un côté, la droiture, la bonne foi, l'honneur, la vertu malheureuse & persécutée ; de l'autre, l'intrigue, l'imposture, l'ignominie & le vice altier & triomphant. Là, j'ai lu un Mémoire (qu'on appelle un Libelle), qui respire par-tout la décence, dans lequel on respecte les mœurs, la religion & le public. Je lis ici un Libelle (1), qu'on appelle un Mémoire, où le cynisme, l'effronterie, les équivoques, amusent les sots, les frippons, & dans lequel on insulte aux mœurs, à la décence & au public.

Je vois enfin, d'un côté, la candeur & M. de Korn......, de l'autre, des D....., des femmes perdues, la scélératesse, & un C. de B...

Et je ne serois point prévenu ! & ce louche satyre élévera la voix, & il aura l'audace de m'apostropher, & il appellera ses *vertueux amis* à témoin de mon injustice !... Des amis vertueux, à lui homme profane, à lui homme proscrit, dont la sacrilege existence est une chaîne de laquelle chaque anneau, taché de la rouille de l'infamie, & où doit être le signe de quelque rapt, de quelque calomnie, de quelque brigandage, de quelque violence, de quelque séduction ! des amis vertueux, à lui dont le nom sera une injure pour les criminels à venir !.... Qu'il jette

---

(1) Je viens d'ennoblir le métier de Bourreau, en le lacérant & le brûlant au Caveau du Palais-Royal.

un regard fur le paffé , qu’il fe tranfporte au moment où la nature a frémi de lui donner le jour , qu’il fouille dans les replis de fa confcience ; quels rôles a-t-il joué dans le monde ; En eft-il des crimes dont il ait encore à fe noircir ? Que dis-je ? qu’il expofe à nos regards les nouveaux forfaits qu’il a créés. Ah ! détournons les yeux de cette caverne de corruption ; elle effrayeroit les enfers.

Je vous le dénonce , refpectables Magiftrats , ô vous à qui un Roi fage & bienfaifant a remis le gleve & la balance de Thémis ! & puifqu’il vit , puifqu’il eft habitué à fe repaître de couleuvres , & que , nouveau Britanicus , il s’eft accoutumé à digérer le poifon du remords puifqu’il a échappé jufqu’alors à la deftinée ignominieufe que la vengeance divine & humaine réferve au crime , épargnez encore fa tête coupable , j’y confens ; mais au moins qu’il fuye les lieux où il y a encore des ames honnêtes , des loix à refpecter, des mœurs pures & des vertus.

Par mandement exprès du Public.

S. A. S.... G.... R.... O....

Paris , ce huit Juin.